Dr. Tina Rae · Jessica Smith



# NICHT OKAY IST AUCH OKAY

Eine ANLEITUNG zum WOHLBEFINDEN

Loewe

Danke an Annie und Connie –
dieses Buch ist euch beiden
gewidmet. – T. R.

Für alle, die hören müssen, dass es okay ist, wenn es einem nicht gut geht. Und für alle, die in schwierigen Zeiten für mich dagewesen sind. – J. S.

Dieses Buch ist nicht als Ersatz für professionelle Hilfe gedacht.

MIX
Papier aus verantwortungsvollen Quellen
FSC® C016973

ISBN 978-3-7432-1274-9
1. Auflage 2021
erschienen unter dem Originaltitel *It's OK Not To Be OK. A Guide To Wellbeing*

Aus dem Englischen übersetzt von Bea Reiter
Umschlaggestaltung: Ramona Karl
Printed in China

www.loewe-verlag.de

# INHALTSVERZEICHNIS

# WIE GEHT ES DIR?

**Vermutlich antwortest du immer „gut" oder „großartig", wenn dich jemand fragt, wie es dir geht. Meistens geht es dir tatsächlich gut, und das ist natürlich toll – aber was machst du, wenn es dir einmal nicht gut geht? Sagst du es dann oder lässt du dir nichts anmerken?**

Wenn bei dir alles in Ordnung ist, ist „Mir geht es gut" eine ehrliche Antwort. Aber wenn es nicht so ist und du gerade mit etwas zu kämpfen hast, hilft es dir nicht, wenn du nicht darüber redest oder nicht zugeben willst, wie du dich fühlst. **ES IST OKAY, WENN ES DIR NICHT GUT GEHT.** Aber es ist nicht okay, wenn du deine Probleme versteckst und aufhörst, dich um deine psychische Gesundheit zu kümmern.

## WAS MEINEN WIR, WENN WIR ÜBER PSYCHISCHE GESUNDHEIT REDEN?

Wir kümmern uns um unseren Körper und achten darauf, fit und gesund zu bleiben. Aber genauso wichtig ist es, sich um das zu kümmern, was in unserem Kopf passiert. Eine gute psychische Gesundheit ist eine wesentliche Voraussetzung dafür, so denken, fühlen und reagieren zu können, dass wir uns mit anderen Menschen verstehen und ein gesundes und glückliches Leben führen können.

Wir haben **ALLE** eine psychische Gesundheit, so wie wir alle eine physische Gesundheit haben, und es gibt Zeiten, in denen Körper und Geist nicht so funktionieren, wie wir das gern hätten. Das ist **NORMAL** und gehört zum Menschsein dazu. Egal, was für Erfahrungen du machst, es ist wichtig, dass du dich über psychische Gesundheit informierst und darüber redest. Du bist nicht allein damit und brauchst dich nicht zu schämen, wenn du dich mit etwas herumquälst oder Probleme mit deiner psychischen Gesundheit hast.

**In diesem Buch erklären wir einige dieser Schwierigkeiten, unter anderem allgemeine psychische Probleme wie Stress und Ängste, verzerrte Körperwahrnehmung und Essstörungen. Und wir denken mit dir zusammen darüber nach, warum es zu diesen Problemen kommt und was du tun kannst, damit sie dir nicht zu viel werden.**

**Lass uns anfangen. Zusammen.**

**TIPP**

Beim Lesen dieses Buchs solltest du ein **NOTIZBUCH** oder ein **TAGEBUCH** benutzen und deine Gedanken, Gefühle und Fragen aufschreiben.

# WAS VERURSACHT PSYCHISCHE PROBLEME?

**Wir sind nicht alle gleich, daher gibt es keine eindeutige Antwort auf diese Frage. Aber häufig haben Menschen, die mit Problemen kämpfen, etwas erlebt, das es ihnen schwerer macht, mit den Höhen und Tiefen im Leben zurechtzukommen.**

## MÖGLICHE URSACHEN UND AUSLÖSER

Es gibt viele Gründe dafür, warum jemand psychische Probleme entwickelt, und je nach Person können sie sehr unterschiedlich sein. Einige Beispiele dafür:

EINSAMKEIT ÜBER LÄNGERE ZEIT HINWEG

VERLUST EINES GELIEBTEN MENSCHEN

MOBBING ODER STIGMATISIERUNG

NIEDRIGES SELBSTWERTGEFÜHL WEGEN VERLETZENDER BEMERKUNGEN

KÖRPERLICHER ODER EMOTIONALER MISSBRAUCH

WECHSEL AN EINE NEUE SCHULE

TRENNUNG DER ELTERN

KÖRPERLICHE ERKRANKUNGEN

ARMUT

In solchen Phasen ist es besonders wichtig, dass du in dich hineinhorchst und darauf achtest, wie es dir geht. Wir raten dir auch, früh Hilfe zu suchen und nicht zu warten, bis dir alles zu viel wird.

## SIGNALE UND ZEICHEN

Dein Gehirn und dein Körper geben dir häufig Hinweise, wie es um deine psychische Gesundheit steht. Wir nennen hier einige Signale und Zeichen, auf die du achten solltest, wenn du mit etwas nicht zurechtkommst und nicht so gut drauf bist:

### TIPP

Mit einem „Wohlfühltagebuch“ kannst du deine psychische Gesundheit im Auge behalten. Versuche, abends deine **GEDANKEN, GEFÜHLE UND KÖRPERLICHEN REAKTIONEN** aufzuschreiben. Und vergiss nicht – wenn du fast immer niedergeschlagen und traurig bist, ist es Zeit, mit einem Erwachsenen zu reden, dem du vertraust.

# Selbstfürsorge

**Selbstfürsorge bedeutet, dass du auf deine eigenen Bedürfnisse achtest, dir Zeit für dich selbst nimmst und dir etwas Gutes tust, um deine physische und psychische Gesundheit zu stärken und sie zu schützen.**

Es gibt jede Menge Möglichkeiten zur Selbstfürsorge. Dazu brauchst du weder Yoga-Guru noch kreatives Genie zu sein – es geht einzig und allein darum, etwas zu finden, das bei dir funktioniert. Einige der Dinge, die du bereits jeden Tag tust, zählen vielleicht schon zur Selbstfürsorge, aber wir nennen dir hier einige Aktivitäten, die du ausprobieren kannst, wenn du ein paar Vorschläge brauchst:

* Tagebuch schreiben
* Zeit mit Haustieren verbringen
* etwas mit Freund*innen unternehmen
* Meditation
* Yoga
* eine Radtour machen
* ein Buch lesen
* ein Instrument spielen
* tanzen
* mit Freund*innen Sport machen
* Filme schauen
* Musik hören
* ehrenamtliche Tätigkeit
* im Garten werkeln

Abgesehen von schönen Beschäftigungen und Hobbys gibt es noch einige andere Dinge, die uns guttun und die wir **ALLE** tun können und sollten, zum Beispiel:

* aktiv bleiben
* gut und gesund essen
* ausreichend schlafen
* Beschäftigung mit sozialen Medien rechtzeitig vor dem Schlafengehen beenden
* Zeit mit Menschen verbringen, die dich gernhaben und dir ein positives Gefühl vermitteln
* anderen eine Freude machen
* Rituale und Routinen pflegen, die dir guttun
* Zeit zum Entspannen und Abschalten nehmen

## Innehalten & Nachdenken

**Unternimmst du bereits Dinge zur Selbstfürsorge? Was funktioniert bei dir? Gibt es etwas, das du einmal ausprobieren möchtest?**

# AKTION: STÄRKEN VERSTÄRKEN

**WENN WIR UNSER POTENZIAL SO GUT WIE MÖGLICH NUTZEN UND POSITIV BLEIBEN WOLLEN, MÜSSEN WIR UNSERE STÄRKEN ENTWICKELN UND STRATEGIEN ZUR SELBSTFÜRSORGE EINSETZEN. DIESE VORSCHLÄGE WERDEN DIR HELFEN, BESSER ZURECHTZUKOMMEN, WENN MAL ETWAS SCHIEFGEHT:**

1. Nimm dir ein paar Minuten Zeit und denke über deine Stärken nach und über das, was du gut kannst. Du könntest auch eine deiner Freundinnen, einen deiner Freunde oder ein Familienmitglied bitten, dir dabei zu helfen.

2. Schreibe diese positiven Punkte auf, damit du sie in Zukunft als Erinnerung daran benutzen kannst, wie toll du bist.

3. Überlege, wie diese Stärken deine physische und psychische Gesundheit fördern und dir helfen könnten, besser mit Schwierigkeiten zurechtzukommen.

4. Wenn es für dich in Ordnung ist, kannst du dich auch mit einem Freund, einer Freundin oder einem Erwachsenen über dieses Thema unterhalten. Manchmal hilft es, Ideen zu teilen und voneinander zu lernen.

# GEFÜHLE UND DAS GEHIRN

Das Gehirn ist der komplizierteste und geheimnisvollste Teil unseres Körpers. Es ist ein eingebauter Supercomputer, der Informationen sammelt, verarbeitet und an verschiedene Organe weiterleitet. Das Gehirn bestimmt auch, wie wir uns verhalten und was wir sagen. Es steuert unsere komplexen Denkprozesse und UNSERE GEFÜHLE.

## DIE MACHT DER GEFÜHLE

Gefühle ermöglichen es uns, auf bestimmte Situationen zu reagieren. Zwei Beispiele: **WUT** lässt dein Herz schneller schlagen, wenn du **GLÜCKLICH** bist, lächelst du. Für diese Reaktionen des Körpers ist ein Schlüsselbereich unseres Gehirns zuständig, der limbisches System genannt wird. Das limbische System besteht aus mehreren Teilen des Gehirns, das Kerngebiet für die Verarbeitung von Gefühlen ist die Amygdala.

## GEHIRNCHEMIE

Gefühle werden vom Pegel bestimmter Botenstoffe in unserem Gehirn gesteuert. Dein Gehirn passt sich an deine Reaktion auf Ereignisse an und kann deine Stimmung beeinflussen. Ein Beispiel: Wenn du in Gefahr bist, setzt dein Gehirn Stresshormone wie Adrenalin frei, die dich schneller reagieren lassen. Das nennen wir die **KAMPF-ODER-FLUCHT**-Reaktion. Wenn die Gefahr vorbei ist, sendet dein Gehirn ein Signal aus und beruhigende Botenstoffe dämpfen die Reaktion von Gehirnbereichen, die das Gefühl von Angst auslösen.

**HAST DU DAS GEWUSST? DAS GEHIRN SIEHT AUS WIE DER KERN EINER WALNUSS, ABER WENN MAN ES „AUFKLAPPEN“ WÜRDE, WÄRE ES UNGEFÄHR SO GROß WIE VIER DIN-A4-SEITEN.**

## DAS GLÜCKSHORMON

Serotonin, das auch das „Glückshormon“ genannt wird, sorgt dafür, dass du dich wohlfühlst und glücklich bist. Manchmal schüttet das Gehirn jedoch zu viele Stresshormone und nicht genug Serotonin aus, was zu Depressionen und Angststörungen führen kann. Ein Arzt kann sogenannte Antidepressiva dagegen verschreiben, doch es gibt einige praktische Dinge und natürliche Mittel, um den Serotoninspiegel zu erhöhen.

Einige Beispiele:

* regelmäßig Sport treiben
* Zeit in der Natur verbringen
* Lebensmittel mit einem hohen Gehalt an Omega-3-Fettsäuren, z. B. Fisch, Eier, Spinat, Nüsse und Samen, essen
* abends Lavendelöl aufs Kopfkissen träufeln
* Yoga praktizieren, meditieren und achtsam sein
* sich an etwas Schönes erinnern
* selbst gesetzte Ziele erreichen
* etwas völlig Neues oder Anderes tun

### INNEHALTEN & NACHDENKEN

**Was würdest du dir aus der Liste oben aussuchen, um deinen Pegel an Glückshormonen zu erhöhen?**

# GESUNDER KÖRPER, GESUNDER GEIST

**Wir wissen, dass Körper und Geist zusammenhängen – ein gesunder Körper ist daher genauso wichtig wie ein gesunder Geist. Wenn wir uns gut um unseren Körper kümmern, fühlen wir uns insgesamt besser und das Gehirn schüttet mehr „Wohlfühlhormone" aus. Das wiederum sorgt dafür, dass wir mit jedem Tag glücklicher werden.**

## BEWEGUNG UND SPORT

Bewegung und Sport spielen eine große Rolle dabei, wie gut du dich fühlst und wie leistungsfähig du bist. Sport ist nicht für jeden etwas – du gehst vielleicht lieber im Park spazieren oder findest es besser, Tanzunterricht zu nehmen –, daher solltest du dich für etwas entscheiden, das dir Spaß macht und dich motiviert. **WIR MÖGEN NICHT ALLE DAS GLEICHE, WAS VÖLLIG OKAY IST.** Wichtig ist auf jeden Fall, dass du Bewegung nicht mit Bestrafung gleichsetzt – sie soll Spaß machen und dir guttun.

**BEREITS 30 MINUTEN SPAZIERENGEHEN FÜNFMAL DIE WOCHE KANN EINEN POSITIVEN EFFEKT AUF KÖRPER UND GEIST HABEN.**

## GESUNDE ERNÄHRUNG

Eine ausgewogene Ernährung hilft deinem Körper dabei, fit zu bleiben, sowohl physisch als auch psychisch. Einige Tipps:

* Versuche, jeden Tag fünf Portionen Obst und Gemüse zu essen. Eine „Portion" ist so viel, wie in deine Hand passt.
* Dein Körper braucht außerdem auch Proteine, Kohlenhydrate, Wasser, Ballaststoffe, Mineralien und Fette.
* Salz und Zucker können ungesund sein, aber du musst nicht völlig darauf verzichten. Entscheidend ist, sie in Maßen zu dir zu nehmen.

## TIPP

Um trotz Schule, Hausaufgaben und Hobbys genügend Bewegung in deinem Tagesablauf einzuplanen, kann es helfen, einen persönlichen Bewegungsplan zu erstellen. Versuche, das richtige Maß an sportlichen Aktivitäten mit mittlerer Intensität (z. B. Joggen) und sportlichen Aktivitäten mit hoher Intensität (z. B. Fußball oder Schwimmen) zu finden.

## AKTION:

# ORANGENSPALTEN

**NUTZE DIESE METHODE, UM DEINE AKTUELLEN AKTIVITÄTEN ZU ERFASSEN UND MÖGLICHE NEUE AKTIVITÄTEN ZUSAMMENZUTRAGEN.**

1. Zeichne einen Kreis und teile ihn mit ein paar Strichen in zehn Segmente (das sieht dann so aus wie eine quer aufgeschnittene Orange).

2. Schreibe in fünf der Spalten fünf Aktivitäten, die du jetzt schon tust, um gesund zu bleiben (physisch und psychisch).

3. Nimm einen Stift in einer anderen Farbe und schreibe in die restlichen Spalten fünf neue Aktivitäten, die du gern tun würdest, um physisch und psychisch gesund zu bleiben (sei realistisch bei deinen Vorschlägen). Was spricht dagegen, ein paar davon auszuprobieren?

# STRESS

**Stress ist ganz normal und gehört zu unserem Alltag dazu. Jeder von uns besitzt ein individuelles Stressniveau, das uns hilft, leistungsfähig und gesund zu sein. Wenn wir nicht genug Stress haben, kann es passieren, dass uns langweilig wird und wir zu wenig Energie haben. Aber wenn wir zu viel Stress haben, bekommen wir unter Umständen Probleme und gefährden unsere Gesundheit.**

Stress empfindet jeder anders. Stelle dir zum Beispiel vor, du stehst auf einer Bühne und trittst vor Zuschauern auf. Manche finden das schwierig und reagieren gestresst, während andere die Aufregung und den Adrenalinschub genießen.

## DER STRESSEIMER

Stelle dir vor, dein Kopf ist ein mit Wasser gefüllter Eimer. Das Wasser steht für Stress. Und dann male dir aus, was passiert, wenn immer mehr Wasser in den Eimer gefüllt wird, ohne dass du etwas dagegen tust. Genau – irgendwann läuft der Eimer über. Wenn du dich um deinen Kopf kümmern und verhindern willst, dass dich alles überfordert, musst du Löcher in den Eimer bohren, damit der Stress langsam abfließen kann. Diese „Löcher" können Dinge sein wie Hobbys, Phasen der Entspannung oder Unternehmungen mit deinen Freunden. Was würde deiner Meinung nach für dich funktionieren?

## TIPPS ZUM STRESSABBAU

* Versuche, deine Stressfaktoren zu identifizieren. Dabei kann dir ein Tagebuch helfen.
* Finde heraus, wie es sich anfühlt, wenn du gestresst bist. Zeichne oder schreibe es auf.
* Versuche herauszufinden, was dich beruhigt und dir guttut, und **MACH ES**!
* Überlege dir, ob du mit Freund*innen, Familie und Lehrer*innen über deinen Stress reden willst.
* Vergiss nicht, dass viele Menschen gestresst sind und Ängste haben, aber dass man Stress und Ängste in den Griff kriegen und behandeln kann.
* Du brauchst nicht still vor dich hin zu leiden. Überlege dir, mit wem du reden könntest oder wo du Hilfe findest.

# AKTION: STRESS, HAU AB!

**WENN DU DIR WEGEN EINER SITUATION ODER EINES BEVORSTEHENDEN EREIGNISSES SORGEN MACHST, KANNST DU FOLGENDES AUSPROBIEREN:**

## SCHRITT 1

Stelle dir das Ereignis in allen Einzelheiten vor und konzentriere dich darauf, wie es dir aller Voraussicht nach dabei gehen wird.

## SCHRITT 2

Bereite dich auf das Ereignis vor. Wenn du zum Beispiel einen Test schreiben musst, dessen Thema dir Schwierigkeiten bereitet, bitte den Lehrer oder die Lehrerin, Freund*innen oder deine Familie um Hilfe oder finde selbst mehr über das Thema heraus.

## SCHRITT 3

Sei dir darüber bewusst, was bei dem Ereignis passieren kann, und stelle dir vor, wie du ruhig und entspannt darauf reagierst.

## SCHRITT 4

Bereite alles für das Ereignis vor und vergewissere dich, dass du alles hast, was du brauchst. Wenn du zum Beispiel ein Referat in der Schule halten musst und dir unsicher bist, schreib dir Stichworte oder ganze Sätze auf Karteikarten.

## SCHRITT 5

Bleib vor und nach dem Ereignis cool und entspannt.

# ANGST UND SORGEN

**Außer Stress empfinden wir manchmal auch Angst – und das ist okay! Aber es ist wichtig, dass wir Möglichkeiten finden, um damit umzugehen, und nicht das Gefühl zu bekommen, es wird uns alles zu viel.**

## WAS IST ANGST?

Angst ist eine normale Reaktion auf eine Gefahr oder Bedrohung und kann physische, emotionale oder psychische Formen annehmen, beispielsweise ein Anstieg des Adrenalinpegels, Unruhe und Verwirrung, ständiges Grübeln über mögliche Gefahren oder der Glaube daran, dass ein Unglück geschehen wird. Ein normales Maß an Angst kann uns dabei helfen, konzentrierter und motivierter zu sein und Probleme effizienter zu lösen. Doch ständige und/oder starke Angstgefühle können dazu führen, dass sich unser Körper die ganze Zeit über im Panikmodus befindet. Dann versuchen wir vielleicht, alles zu vermeiden, was bei uns das Gefühl von Angst auslösen könnte, beispielsweise allein sein, zur Schule gehen oder vor einer Gruppe sprechen.

## SYMPTOME UND ANZEICHEN

Sich ständig Sorgen zu machen, kann unter Umständen Angst auslösen. Anzeichen dafür könnten sein:

* Herzklopfen
* Schweißausbrüche oder blasses Gesicht
* Aufregung, Gereiztheit, Wut oder Nervosität
* das Gefühl, dass etwas Schreckliches geschehen wird
* trockener Hals oder Mund
* Muskel- oder Kopfschmerzen
* Müdigkeit oder wenig Energie
* Verdauungsprobleme (Magenschmerzen, Verstopfung, Durchfall)
* Konzentrationsprobleme, sich überstürzende Gedanken
* Schlafstörungen

**JE MEHR ANGST DU HAST, DESTO MEHR GEDANKEN MACHST DU DIR UND DESTO MEHR ANGST BEKOMMST DU … ABER DU KANNST ETWAS TUN, UM DIESEN KREISLAUF ZU DURCHBRECHEN UND MIT DEM GRÜBELN SCHLUSS ZU MACHEN!**

# TIPP

**SO MACHST DU SCHLUSS MIT DEM GRÜBELN:**

**TIPP 1 – ACHTE DARAUF!**
Wenn du die eben genannten Anzeichen für Angst bei dir feststellst oder dir auffällt, dass dir ständig negative Gedanken durch den Kopf gehen, ignoriere das nicht.

**TIPP 2 – STOPP!**
Wenn du bemerkst, dass du mit Grübeln anfängst, sage „Stopp" zu dir. Versuche, an etwas anderes zu denken oder etwas zu tun, um dich abzulenken, zum Beispiel Lesen oder Backen.

**TIPP 3 – HÖRE AUF DAMIT**
Wenn du dir Sorgen machst oder dich aufregst, versuche, damit aufzuhören – selbst wenn es nur für eine Minute ist.

**TIPP 4 – SORGENZEIT**
Plane jeden Tag fünf oder zehn Minuten „Sorgenzeit" ein. Wenn du anfängst zu grübeln, obwohl du gerade anderes zu tun hast, bringe dich dazu, damit aufzuhören. Du kannst dir stattdessen in deiner „Sorgenzeit" Gedanken darüber machen.

**TIPP 5 – SELBSTGESPRÄCHE**
Wenn du dir immer wieder über das Gleiche Gedanken machst, zum Beispiel „Niemand in meiner neuen Schule wird mich mögen", schreibe dir den gegenteiligen, „positiven" Gedanken auf. Für unser Beispiel wäre das: „Meine neuen Mitschüler werden mich mögen, weil ich nett bin." Und wenn dir der Sorgen-Gedanke das nächste Mal Kummer macht, sprichst du den positiven Gedanken laut aus.

**VERGISS NICHT, DIR HILFE ZU SUCHEN, WENN DU DAS GEFÜHL HAST, DASS DEINE ANGSTGEFÜHLE ZUM PROBLEM WERDEN UND DEIN GANZES LEBEN BESTIMMEN. DEIN HAUSARZT ODER DEINE HAUSÄRZTIN KANN DICH BERATEN UND DIR UNTER UMSTÄNDEN EINEN THERAPEUTEN ODER EINE THERAPEUTIN VERMITTELN.**

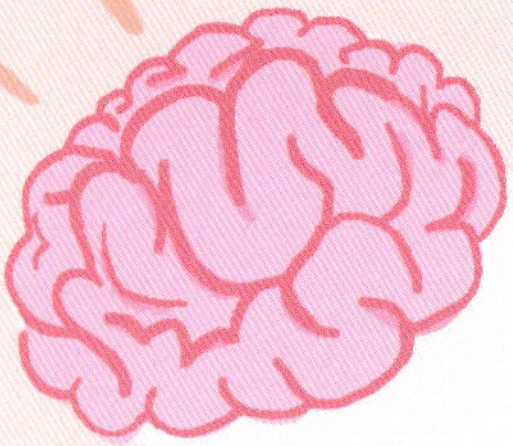

# NEGATIVE GEDANKEN HINTERFRAGEN

**Wenn wir uns über etwas aufgeregt haben oder unter Druck stehen, neigen wir dazu, nur „das Schlechte“ zu sehen, Extremes zu denken und alles persönlich zu nehmen. Aber das muss nicht so sein – es ist möglich, negative Gedanken zu hinterfragen.**

## FALSCHES DENKEN

Wir haben alle negative Gedanken, manchmal sogar jeden Tag. Einige Beispiele: „Sie hat mir einen bösen Blick zugeworfen“, „Ich kann das nicht. Ich verstehe das nicht“ oder „Meine Haare sehen heute richtig übel aus“. Aber warum überfallen uns diese negativen Gedanken? Sie entstehen häufig infolge mehrerer Denkfehler:

**1. WIR MACHEN UNS SELBST KLEIN:** Wir konzentrieren uns nur auf das Negative und sehen uns selbst in einem schlechten Licht.

**2. WIR ÜBERTREIBEN ODER SEHEN SCHWARZ:** Wir machen etwas schlimmer, als es tatsächlich ist.

**3. WIR PROPHEZEIEN UNSER SCHEITERN:** Wir reden uns ein, dass ein Misserfolg unausweichlich ist.

**4. WIR DENKEN ZU EMOTIONAL:** Unsere Gefühle gewinnen die Oberhand und hindern uns daran, klar und vernünftig zu denken.

**5. WIR GEBEN UNS DIE SCHULD:** Wir glauben, dass wir an allem, was schiefläuft, selbst schuld sind.

## INNEHALTEN & NACHDENKEN

**Sind dir diese Denkfehler auch schon mal passiert? Wann, wo und warum? Was hätte dir in dem Moment geholfen?**

**DAS, WAS WIR VON UNS HALTEN, IST NICHT IMMER RICHTIG. HÄUFIG SEHEN UNS ANDERE GAR NICHT SO WIE WIR UNS SELBST. DAHER SOLLTEN WIR UNSERE NEGATIVEN ANSICHTEN HINTERFRAGEN.**

## AKTION:

## NEIN ZU NEGATIVITÄT!

**WENN DU DICH BEI EINEM NEGATIVEN GEDANKEN ERTAPPST, SOLLTEST DU DIR FOLGENDE FRAGEN STELLEN:**

* Gibt es einen Beweis dafür, dass dieser Gedanke richtig ist?
* Gibt es einen Beweis dafür, dass dieser Gedanke falsch sein könnte?
* Was würde meine Freundin oder mein Freund von meinem negativen Gedanken halten? Was würde mein Lehrer oder meine Lehrerin sagen? Was meine Eltern?
* Was würde ich zu meiner Freundin oder meinem Freund sagen, wenn sie oder er so etwas denken würde?
* Mache ich gerade einen Fehler? Übertreibe ich vielleicht? Gebe ich mir die Schuld, bin ich zu pessimistisch oder gehe ich davon aus, dass ich weiß, was andere denken?

Was für ein Gefühl hast du jetzt? Glaubst du immer noch, dass der negative Gedanke richtig ist?

# MEHR RESILIENZ

**Bei Resilienz geht es darum, so widerstandsfähig zu sein, dass Dinge, die in unserem Leben passieren, einfach von uns „abprallen" – sogar dann, wenn sie ein schwerer Schlag für uns sind. Es geht darum, innerlich stark zu sein und mit Veränderungen und Schwierigkeiten umgehen zu können. Und trotz Problemen oder Herausforderungen, mit denen wir vielleicht konfrontiert werden, „aufzublühen".**

Risiken einzugehen und Probleme zu bewältigen, kommt uns manchmal wie harte Arbeit vor, aber beides ist auch gut für uns. Wir müssen alle lernen, wie man mit Problemen fertig wird, und dürfen keine Angst haben, Fehler zu machen. Das ist der Schlüssel zu Resilienz!

## BIN ICH WIDERSTANDSFÄHIG?

Resilienz ist etwas, das man lernen kann – also ein Grund, optimistisch zu sein!

Wenn wir widerstandsfähig sind, können wir gesünder und glücklicher sein. Wir laufen auch weniger Gefahr, emotionale und psychische Probleme wie Depressionen oder Angststörungen zu entwickeln.

### INNEHALTEN & NACHDENKEN

**Wie gut wirst du mit Problemen fertig? Kommst du damit zurecht, wenn etwas schiefläuft?**

## Werkzeugkasten für Resilienz

Einige Fähigkeiten und Eigenschaften, die dir dabei helfen, mit Herausforderungen fertigzuwerden und deine Resilienz zu stärken:

* Humor: Wir können lachen, wenn etwas schiefgeht, und das Lustige an der Situation sehen.
* Bauchgefühl: Wir hören auf unsere innere Stimme.
* Aufbau und Pflege guter Freundschaften
* positiver Blick in die Zukunft
* Wahrnehmungsvermögen: Wir verstehen, was wirklich vor sich geht.
* Unabhängigkeit: Wir machen auch allein weiter.
* Flexibilität: Wir sind offen für Veränderungen.
* Begeisterung für Neues
* Selbstvertrauen: Wir glauben an die eigene Stärke.
* Spiritualität: Wir fühlen uns mit einer Kraft außerhalb von uns verbunden.
* Wir können uns selbst zum Weitermachen motivieren.
* Wir wissen, wer wir sind und warum wir so sind, wie wir sind.
* Durchhaltevermögen: Wir machen selbst dann weiter, wenn es schwierig wird.
* Kreativität: Wir denken uns etwas Neues, Schönes aus und tun es.

## Bewältigung von Veränderungen

Veränderungen gehören zum Leben dazu, aber sowohl positive als auch negative Veränderungen sind manchmal schwer anzunehmen. Damit sich Veränderungen in deinem Leben ein bisschen einfacher bewältigen lassen, könntest du Folgendes tun:

* Akzeptiere, dass sich in deinem Leben gerade etwas ändert.
* Versuche, dich an deinen gewohnten Tagesablauf zu halten.
* Mache Sport und versuche, so gesund wie möglich zu essen.
* Schreibe dir das Positive auf, das die Veränderung mit sich gebracht hat, und sehe die Chancen, die daraus entstehen.
* Bitte jemanden um Hilfe.

# ACHTSAMKEIT

**Achtsam sein heißt, dem gegenwärtigen Augenblick volle Aufmerksamkeit zu schenken, so, wie er jetzt gerade ist. Achtsamkeit kann dabei helfen, Ängste zu lindern, aber sie eignet sich auch großartig dazu, mit den ganz normalen Höhen und Tiefen in unserem Alltag fertigzuwerden.**

## AKTION:

## ACHTSAMER AUGENBLICK

**BEI ACHTSAMKEIT GEHT ES DARUM, EINEN ZUSTAND ZU ERREICHEN, IN DEM DU DEN AUGENBLICK BEWUSST WAHRNIMMST. AM EINFACHSTEN ERREICHST DU DAS, WENN DU MIT DEM AUFHÖRST, WAS DU GERADE TUST, UND DICH FÜR EINE WEILE AUF DEINE ATMUNG KONZENTRIERST.**

1. Setze dich in eine ruhige Ecke und schließe die Augen.

2. Konzentriere dich auf das Gefühl beim Einatmen ... und Ausatmen ...

3. Spüre die Luft, die durch Mund oder Nase in dich hineinströmt und wieder aus dir heraus.

4. Wenn dir ein Gedanke durch den Kopf geht, nimm ihn ohne Wertung wahr und lass ihn an dir vorüberziehen. Stelle dir vor, dass du den Gedanken an eine vorbeiwehende Wolke heftest oder an ein Blatt, das im Wasser davongetrieben wird.

5. Konzentriere dich auf deine Atmung. Ein und aus, ein und aus ...

6. Öffne langsam die Augen.

# AKTION: DREI SINNE

**DIESE ÜBUNG HILFT DIR DABEI, BEWUSST WAHRZUNEHMEN, WAS DU IN DIESEM AUGENBLICK DURCH DREI DEINER SINNE ERFÄHRST – HÖREN, SEHEN UND FÜHLEN. LASS DIR ZEIT BEI DEINEN ANTWORTEN UND FRAGE EINEN SINN NACH DEM ANDEREN AB. DIESE ÜBUNG KANNST DU NUR MACHEN, WENN DU ACHTSAM BIST!**

* Nenne drei Dinge,
  die du **HÖREN** kannst:

ein Auto,
das draußen
vorbeifährt

die Uhr
an der Wand

die Musik
im Zimmer nebenan

* Nenne drei Dinge,
  die du **SEHEN** kannst:

einen Tisch

ein Verkehrszeichen

eine Person

* Nenne drei Dinge,
  die du **FÜHLEN** kannst:

das Handy
in deiner Tasche

den Stuhl, auf dem du sitzt

den Boden
unter deinen Füßen

# ENTSPANNUNG

**Machen wir uns nichts vor: Das Leben kann ziemlich stressig sein. Es passiert jede Menge, es gibt so vieles, was man sehen und tun kann, und das kann enormen Druck auslösen. Daher ist es wichtig, dass wir hin und wieder eine Pause machen. Nimm dir eine Auszeit – DU HAST SIE DIR VERDIENT!**

## ANGST IM VERGLEICH ZU ENTSPANNUNG

Entspannt sein ist das Gegenteil von Angst haben, stimmt's? Aber hast du dir schon einmal überlegt, was in deinem Körper und in deinem Kopf vor sich geht, wenn du Angst hast und wenn du entspannt bist? Sieh dir die beiden Listen an – eine zeigt, wie es sich anfühlen kann, Angst zu haben, während die andere zeigt, wie es sich anfühlen kann, entspannt zu sein:

**schlecht gelaunt, nervös**

**Herz schlägt schnell**

**beschleunigte Atmung**

**blasse oder schweißnasse Haut**

**Muskeln zittern**

**Magen- oder Kopfschmerzen**

**Gedanken überschlagen sich**

**glücklich, zufrieden**

**Herz schlägt langsam**

**langsame, mühelose Atmung**

**normale Haut, nicht verschwitzt**

**Muskeln sind entspannt**

**keine Magen- oder Kopfschmerzen**

**Gedanken sind „normal"**

Jetzt denkst du vielleicht, dass du besser immer entspannt sein solltest. Aber niemand kann rund um die Uhr entspannt sein! Wir müssen das richtige Maß finden und genügend „Auszeiten" einplanen, dann werden wir auch mit der Angst fertig, wenn sie uns überfällt.

## AKTION: ENTSPANNUNGSÜBUNGEN

**VERSUCH'S DOCH MAL MIT DIESEN EINFACHEN ENTSPANNUNGSÜBUNGEN:**

### Atme

Atme langsam ein und aus und zähle dabei in Gedanken bis drei. Drei Sekunden ein-, drei Sekunden ausatmen ...

### Lockere deine Muskeln

Spanne deine Muskeln an und lass dann ruckartig wieder locker. Vergiss keinen Muskel in deinem Körper, auch nicht die in deinem Gesicht, Rücken und Bauch.

### Denke an einen beruhigenden Ort

Stelle dir deinen beruhigenden Ort vor oder zeichne ihn auf ein Blatt Papier.

### Dehne dich

Strecke die Arme über dem Kopf aus und greife nach dem Himmel; ziehe die Schultern bis zu den Ohren hoch und rolle dich dann Wirbel für Wirbel zu einem Ball zusammen, als wärst du eine Schildkröte, die sich in ihren Panzer zurückzieht; zieh die Nase kraus, als wolltest du einen Käfer loswerden, der sich darauf niedergelassen hat; beiße die Zähne zusammen ... und lass dann wieder locker.

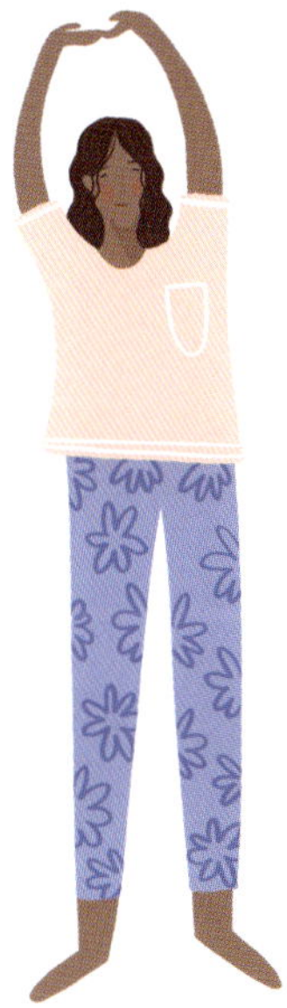

### Benutze deine Vorstellungskraft und deine Sinne

Stelle dir vor, es hat geregnet und du stehst barfuß im Matsch. Male dir in Gedanken aus, wie du mit den Füßen in der feuchten Erde versinkst und wackle mit den Zehen.
Wie fühlt sich das an?

### TIPP

Versuch es mal mit einem **ENTSPANNUNGSTAGEBUCH**. Schreibe jeden Tag auf, was du getan hast, um dich zu entspannen, und wie es sich angefühlt hat. Sieh dir deine Notizen jede Woche durch, um **DAS RICHTIGE MAß** für dich zu finden.

# POSITIVE EINSTELLUNG

**Es ist nicht immer einfach, positiv zu denken und im Kopf zu behalten, was an uns und unserem Leben gut ist. Negative Gedanken können uns einen Strich durch die Rechnung machen, dagegen hilft, eine positive Einstellung zu entwickeln.**

## SO FÄNGST DU AN

Positiver zu sein und positiver zu handeln, können wir trainieren. Dies kann uns glücklicher machen und die Belastung durch Stress verringern. Das Ziel besteht darin, zuversichtlich zu sein und in allem etwas Gutes zu sehen. Du kannst Folgendes tun:

1. Akzeptiere, dass Veränderungen notwendig sind.
2. Glaube daran, dass Veränderungen möglich sind.
3. Befreie dich von negativen Gefühlen und bisherigen Erfahrungen damit.
4. Höre auf, dich selbst zu kritisieren.
5. Sei achtsam und konzentriere dich auf den Augenblick.
6. Sieh positiv in die Zukunft.

## AKTION: SELBSTLIEBE KLEBEZETTEL

Wenn wir Positives über uns denken, fühlen wir uns auch positiv. So funktioniert Selbstliebe. Was du zu dir sagst, hat einen sehr großen Einfluss. Einige Beispiele für Aussagen, um deine Selbstliebe zu fördern:

Benutze Klebezettel oder Papierschnipsel und notiere dir jeden Tag etwas Positives. Du könntest die Zettel in deinem Zimmer aufhängen und eine ganze Wand aus Positivem schaffen.

## SUPERFÄHIGKEITEN

Einige Schlüsselfähigkeiten, die man für eine positive Einstellung braucht:

### KONZENTRATION

Menschen, die positiv denken, können sich meist besser auf eine Aufgabe konzentrieren, da sie sich nicht durch Grübeln ablenken lassen. Versuche, dich auf jede anstehende Aufgabe zu konzentrieren – dann wirst du dich produktiver und glücklicher fühlen.

### FLEXIBILITÄT

Scheitern und Fehler machen gehören zum Lernprozess dazu. Das ist kein Drama. Mach einfach weiter und gib nicht auf – selbst wenn es schwer wird.

### POSITIVE FREUNDSCHAFTEN

Umgib dich mit Menschen, die positiv sind und dich gernhaben. Wenn dich jemand traurig macht und du das Gefühl hast, die Person saugt Energie aus dir heraus, solltest du ihr aus dem Weg gehen.

### SELBSTWERTGEFÜHL

So simpel es auch klingt, manchmal hat jemand einfach nur deshalb Erfolg, weil er/sie an sich selbst glaubt. Eine positive Einstellung fördert das Selbstvertrauen, welches einer der wichtigsten Bausteine für Erfolg ist.

# SOZIALE MEDIEN

**Sei ehrlich ... wie oft schaust du auf dein Handy? Und wie viel Zeit verbringst du mit sozialen Medien? Soziale Medien helfen uns, mit unseren Freunden Kontakt zu halten, aber wenn wir zu viel Zeit damit verbringen, kann sich das negativ auf unsere psychische Gesundheit auswirken.**

Es gibt drei wichtige Punkte, die du berücksichtigen solltest:

**1. SCHLAF**
Wenn du ständig einen Blick auf dein Handy wirfst und es auch nachts nicht abschaltest, schläfst du nicht so gut. Das kann dazu führen, dass du dich niedergeschlagen, deprimiert und ängstlich fühlst.

**2. DAS „LIKE"-PROBLEM**
„Likes" hinterherzujagen, kann dazu führen, dass wir uns unsicher fühlen und unser Selbstwertgefühl leidet. Wenn wir etwas posten, riskieren wir, negative und gemeine Kommentare zu bekommen, aber auch Komplimente oder Lob.

**MAN KANN VON SOZIALEN MEDIEN ABHÄNGIG WERDEN. SOZIALE MEDIEN SIND SO AUFGEBAUT, DASS DIE NUTZER QUASI HINEINGEZOGEN WERDEN. STÄNDIG EINEN BLICK DARAUF ZU WERFEN, KANN ZU EINER ZWANGSHANDLUNG WERDEN.**

### 3. SOZIALE VERGLEICHE

Wenn wir uns die Fotos und das Leben anderer Menschen anschauen und sie mit unserem eigenen Leben vergleichen, kann das Eifersucht und Ängste auslösen. Wir bekommen den Eindruck, dass andere glücklicher sind oder mehr Spaß haben als wir. Das kann uns das Gefühl geben, nicht gut genug zu sein, etwas zu versäumen oder nicht zu den Leuten zu gehören, die gerade „in“ sind. In sozialen Medien unterwegs zu sein, wenn du traurig oder einsam bist, kann dazu führen, dass es dir hinterher noch schlechter geht.

**TIPP**

Wenn soziale Medien richtig benutzt werden, können sie sehr positiv sein: Du kannst mit deinen Freunden in Kontakt bleiben, etwas posten, damit andere sich besser fühlen, und gute Ratschläge geben. Aber du solltest nur solchen Accounts folgen, die positive Veränderungen bewirken wollen.

**HAST DU DAS GEWUSST?**
**75 % DER 10- BIS 18-JÄHRIGEN IN DEUTSCHLAND BENUTZEN TÄGLICH SOZIALE MEDIEN.**

## INNEHALTEN & NACHDENKEN

Wann machen dich soziale Medien glücklich? Ist es schon einmal vorgekommen, dass sie dich verunsichert haben? Würde ein *Digital Detox* oder eine Einschränkung deiner Internetnutzung helfen?

# SICHERHEIT IM INTERNET

**Im Internet findest du Unmengen von Angeboten, die deiner psychischen Gesundheit guttun können. Aber es ist wichtig, dass du weißt, wie man sicher im Internet unterwegs ist. Es geht darum, aufmerksam zu sein und verantwortungsvoll zu handeln.**

## ZEHN GRUNDREGELN

1. Poste nie persönliche Informationen – also keine Postanschrift, keine E-Mail-Adressen, keine Handynummern und dergleichen.

2. Überlege erst, bevor du Fotos oder Videos von dir teilst. Wenn du einmal ein Foto im Internet veröffentlicht hast, kann es so gut wie jeder sehen und unter Umständen auch herunterladen. Es gehört dir nicht mehr allein und wird für immer im virtuellen Raum bleiben, selbst wenn du es irgendwann löschst.

3. Passe die Einstellungen für Privatsphäre und Sicherheit so an, dass du den größtmöglichen Schutz hast.

4. Verrate niemandem deine Passwörter.

5. Akzeptiere keine Freundschaftsanfragen von Leuten, die du nicht kennst.

6. Triff dich nicht mit Leuten, die du im Internet kennengelernt hast. Rede mit deinen Eltern, wenn jemand so etwas vorschlägt.

7. Vergiss nicht, dass nicht jeder im Internet das ist, was er vorgibt zu sein.

8. Überlege, was du sagen willst, bevor du etwas im Internet postest.

9. Respektiere die Meinung anderer. Selbst wenn du andere Ansichten hast, besteht kein Anlass dazu, unhöflich oder unfreundlich zu sein.

10. Wenn du etwas im Internet siehst, das dich beunruhigt oder dir Angst macht: Verlass die Website, schalte den Computer aus und informiere sofort einen Erwachsenen.

## DARAUF SOLLTEST DU ACHTEN

Wenn du im Internet unterwegs bist, erschließt du dir damit nicht nur eine wunderbare Welt voller Filter, Freunde und Emojis, sondern läufst auch Gefahr, mit folgenden ernsten Themen konfrontiert zu werden:

**1. MOBBING:** Rede mit einem Erwachsenen, wenn du das Gefühl hast, gemobbt zu werden. Blockiere die Nummer auf deinem Handy und ändere eventuell auch deine eigene Nummer. Wenn es richtig übel ist, kannst du bei der Polizei Anzeige erstatten.

**2. SEXTING:** Nacktfotos zu verschicken ist gefährlich und setzt dich der Gefahr von Missbrauch aus. Tu es nicht, und wenn dich jemand um solche Fotos bittet, informiere sofort einen Erwachsenen.

**3. PORNOGRAFIE:** Vermeide im Internet alles, was mit Pornografie zu tun hat. Wenn es trotzdem passiert, informiere sofort einen Erwachsenen. Du brauchst dich dafür nicht zu schämen. Erwachsene wissen, dass Kinder Pornografie im Internet das erste Mal meist durch Zufall sehen (z. B. über Pop-ups oder wenn ihnen jemand plötzlich solche Seiten zeigt).

## TIPP

Rede mit Freunden oder Erwachsenen über das, was du im Internet tust und siehst. Es ist immer eine gute Idee, deine Accounts mit deinen Eltern zu teilen. Habe keine Angst davor, über Themen zu sprechen, bei denen du dich unwohl fühlst oder die dich beunruhigen – wenn du deine Sorgen versteckst, wird das deine Ängste nur verstärken.

# KÖRPERWAHRNEHMUNG

**Was siehst du, wenn du einen Blick in den Spiegel wirfst? Eine positive Körperwahrnehmung ist mehr, als nur zu denken, dass du toll aussiehst!**

Fotos von Prominenten und Models können das Selbstwertgefühl reduzieren und Ängste verstärken. Die Medien setzen uns gewaltig unter Druck und reden uns häufig ein, dass wir einem bestimmten Ideal entsprechen sollten. Aber die Wahrheit ist: **DEN PEFEKTEN KÖRPER GIBT ES NICHT.**

**JEDER KÖRPER IST EIN GUTER KÖRPER:**

**Menschen gibt es in allen möglichen Formen und Größen …**
**… jeder von uns hat unterschiedliche körperliche Merkmale und Fähigkeiten …**
**… und diese Unterschiede sollten respektiert und geschätzt werden – denn sie sind das, was uns EINZIGARTIG macht.**

## POSITIVE KÖRPERWAHRNEHMUNG

Es ist wichtig, dass du deinen Körper respektierst. Du hast vielleicht schon einmal gehört, dass du „anders" bist, und denkst das vielleicht auch, aber du bist DU und das ist völlig in Ordnung!

Eine positive Körperwahrnehmung zu haben, bedeutet:

* Du findest deinen Körper gut, so wie er ist.
* Du fühlst dich wohl in deinem Körper.
* Du bist zufrieden mit deinem Aussehen.
* Du konzentrierst dich auf das, was du an dir selbst gut findest, anstatt auf Teile deines Körpers, die deiner Meinung nach nicht so toll sind.
* Du weißt, dass deine Persönlichkeit wichtiger ist als dein Aussehen.
* Du weißt, dass die Gesundheit deines Körpers wichtiger ist als sein Aussehen.
* Du bist deinem Körper dankbar für das, was er tun kann.
* Du findest ein breites Spektrum an Körpergewicht, Körperform und Aussehen schön.

# INNEHALTEN & NACHDENKEN

Glaubst du, dass du eine positive Körperwahrnehmung hast? Woran musst du arbeiten, um sie zu verbessern?

## AKTION:

# KÖRPERGEWOHNHEITEN

**PROBIERE DIE FOLGENDEN AKTIVITÄTEN AUS, DANN WIRST DU EINIGE GEWOHNHEITEN ENTWICKELN KÖNNEN, DIE DICH GLÜCKLICHER UND SELBSTBEWUSSTER MACHEN UND DEIN SELBSTWERTGEFÜHL STEIGERN.**

### Mein gesunder Körper

Was macht einen Körper gesund? Überlege dir so viele Punkte wie möglich, zum Beispiel gesunde Ernährung, Sport usw. Erstelle eine Liste und hake ab, was bereits zu deinem Alltag gehört.

### Mein Körper kann …

Dein Körper ist nicht nur etwas, das man ansehen und bewundern kann – er ermöglicht dir auch zu atmen, dich zu bewegen, zu schlafen und ein gesundes, glückliches Leben zu führen. Was tut dein Körper alles für dich? Zeichne ein Selbstporträt und schreibe deine Ideen rundherum auf.

### Schlechte Körpergewohnheiten

Schlechte Körpergewohnheiten sind nicht gut für uns – weder physisch noch psychisch. Erstelle eine Liste mit Gewohnheiten, die unserem Körper schaden können, zum Beispiel Junkfood essen, Diäten machen, keinen Sport treiben, zu viel Sport treiben usw. Versuche herauszufinden, welche gute Körpergewohnheit die Entsprechung für die schlechten wäre.

### Meine tägliche Dosis

Überlege dir, welche gesunden Gewohnheiten du in deinen Alltag einbauen könntest. Was steht auf deiner Liste und warum?

# PROBLEM-LÖSUNG

**Mit Problemen haben wir fast jeden Tag zu tun. Kleinere Probleme lassen sich oft dadurch aus der Welt schaffen, dass man sich sofort eine einfache Lösung überlegt oder eine Strategie anwendet, die früher schon einmal funktioniert hat. Aber Probleme, die nicht einfach wieder verschwinden, können unsere psychische Gesundheit beeinträchtigen. Wenn wir nichts dagegen tun, kann aus einem kleinen Problem ein großes Problem werden und dann bist du frustriert, gestresst und verzweifelt. Problemlösungskompetenz kann dir helfen, besser mit Stress fertigzuwerden, mehr Selbstwertgefühl zu entwickeln und deine Leistungen in der Schule zu verbessern.**

## TIPP

Wenn das Problem eine Nummer zu groß für dich ist, kannst du jemanden bitten, die einzelnen Schritte gemeinsam mit dir durchzugehen.

## SO LÖST DU PROBLEME

Wenn du Probleme Schritt für Schritt angehst und nichts überstürzt, kann das helfen, Ängste zu reduzieren. Hier sind einige Schlüsselschritte zur Lösung von Problemen:

1. Schreibe auf, was für ein Problem du hast. Und zwar ganz konkret. „Ich habe Angst, dass ich es nicht schaffe" ist nicht konkret. „Ich habe Angst, dass ich die Namen meiner neuen Mitschüler vergesse" dagegen schon.

2. Denke dir mögliche Lösungen für das Problem aus. Schreibe sie auf.

3. Gehe die Lösungen nacheinander durch und überlege, welche Konsequenzen sie jeweils haben können. Schreibe dann die Vor- und Nachteile der Lösungen auf.

4. Wäge die Vor- und Nachteile gegeneinander ab und entscheide dich für eine Lösung. Frage jemanden, dem du vertraust, ob die Lösung gut ist. Und dann setze die Lösung um!

5. Zum Schluss überprüfst du, ob du Fortschritte gemacht hast. Gibt es das Problem immer noch? Hat es sich verändert? Falls notwendig, wiederhole die einzelnen Schritte.

## Sich der Angst stellen

Um mit unseren Ängsten fertigzuwerden, kann es helfen, wenn wir uns mit ihnen auseinandersetzen. Das heißt nicht, dass du auf das höchste Gebäude im Ort klettern sollst, wenn du Höhenangst hast. Es geht darum, das Problem langsam Schritt für Schritt in Angriff zu nehmen und zu erkennen, dass wir nicht für immer unter unseren Ängsten leiden müssen – wir können etwas gegen sie tun.

# AKTION: ANGSTLEITER

1. Zeichne eine Leiter mit sechs Sprossen. Schreibe dein Ziel auf die oberste Sprosse.

2. Überlege dir, was du tun könntest, um dich mit deiner Angst auseinanderzusetzen und dein Ziel zu erreichen. Ein Beispiel: Wenn du Angst vor Hunden hast, könntest du dir das Foto eines Hundes ansehen, ein Video mit einem Hund anschauen, einem Hund beim Bellen zuhören, im gleichen Raum wie ein Hund sein, einen Hund streicheln usw.

3. Ordne jeder Aufgabe eine Bewertung von 1 bis 5 zu. 5 ist die Aufgabe, die dir am meisten Angst macht.

4. Schreibe auf die unterste Sprosse eine deiner mit „1" bewerteten Aufgaben, auf die zweite eine mit „2", eine der Kategorie „3" auf die dritte Sprosse, eine mit „4" auf die vierte und schließlich eine mit „5" auf die vorletzte Sprosse.

5. Beginne ganz unten auf der Leiter und versuche, die Aufgabe auf der untersten Sprosse auszuführen. Wenn es dir gelungen ist und du dich gut dabei fühlst, mach mit der nächsten Aufgabe weiter. Es geht darum, die einzelnen Aufgaben bewusst durchzuführen und jeden Schritt auf dem Weg zur Spitze zu feiern, bis du ganz oben auf der Leiter stehst.

# ESSSTÖRUNGEN

**Essstörungen führen zu ungesunden Reaktionen und Verhaltensmustern in Bezug auf Lebensmittel. Viele Kinder und Jugendliche haben Probleme mit ihren Essgewohnheiten und manchmal kann das sehr ernst werden. Du solltest dich mit diesem Thema auseinandersetzen, damit du erkennen kannst, ob du ein Problem damit hast oder jemand, den du kennst.**

Diäten, Essattacken und Ess-Brechsucht werden von manchen Kindern und Jugendlichen am Anfang als Möglichkeit gesehen, Probleme zu bewältigen, sind aber sehr ungesunde und gefährliche Verhaltensmuster. Mit der Zeit schaden Essstörungen der physischen und psychischen Gesundheit und beeinträchtigen das Selbstwertgefühl. Daher sollten sie so schnell wie möglich erkannt und behandelt werden.

## WAS KANN ESSSTÖRUNGEN VERURSACHEN?

Essstörungen können sehr kompliziert sein und nicht immer gibt es eine einzige Ursache dafür. Sie können durch verschiedene Faktoren begünstigt werden.

* Gewichtsverlust kann einer Person das Gefühl von Kontrolle vermitteln.
* Eine Person ist unglücklich oder leidet unter psychischen Problemen wie Depressionen oder Angststörungen.
* Die Medien feiern dünne Menschen und reden uns ein, dass wir einem bestimmten Idealbild entsprechen sollen.
* Einige Personen benutzen Essstörungen, um mit schmerzlichen Erfahrungen und geringem Selbstwertgefühl fertigzuwerden.
* Die Pubertät kann Essstörungen wie Magersucht auslösen, die einige der körperlichen Veränderungen rückgängig macht und dadurch die mit dem Erwachsenwerden verbundenen Herausforderungen zum Teil aufschiebt.

**ESSSTÖRUNGEN SIND ERNSTE KRANKHEITEN, ABER MIT DER RICHTIGEN BEHANDLUNG KANN UND WIRD MAN SICH DAVON ERHOLEN.**

**Hast du schon mal daran gedacht, weniger zu essen, um abzunehmen? Oder einmal zu viel gegessen, weil du einsam oder unglücklich warst? Falls ja, bist du nicht allein. Es ist okay, das zuzugeben, anstatt es zu verheimlichen. Wenn du dir deshalb Sorgen machst, solltest du:**

1. **Dich über Essstörungen informieren** und mit Leuten reden, denen du vertraust.

2. **Erfahrungsberichte lesen**, damit du erfährst, wie andere damit zurechtgekommen sind.

3. **Versuchen, dir und deiner Familie oder Freund*innen gegenüber ehrlich zu sein**, wenn es darum geht, wie viel oder wie wenig du isst.

4. **Aufschreiben, was du isst.** Notiere dir, wie du dich fühlst, wenn du isst bzw. nicht isst. So findest du heraus, ob es Zusammenhänge gibt.

5. **Dich nicht für deine Essgewohnheiten oder dein Gewicht bestrafen** und dir deshalb keine Vorwürfe machen.

6. **Nicht zu viel Zeit vor dem Spiegel verbringen.**

7. **Mit Freund*innen und deiner Familie darüber reden.**

8. **Deine Hausärztin oder deinen Hausarzt um Hilfe bitten.** Sie/er überweist dich unter Umständen an eine Therapeutin oder einen Therapeuten.

# DEPRESSIONEN

**Ab und zu sind wir alle einmal traurig, aber Depressionen sind eine schwere Stimmungsstörung, bei der Menschen andauernd Gefühle wie Traurigkeit und Ausweglosigkeit empfinden. Es ist okay, wenn es einem nicht gut geht, aber es ist NICHT okay, wenn man sich die ganze Zeit so fühlt.**

## SYMPTOME UND ANZEICHEN

Depressionen sind nicht das Gleiche wie Stress oder Ängste. Leute sagen häufig „Ich bin gestresst", aber eigentlich meinen sie damit „Ich bin niedergeschlagen, traurig oder habe es satt." Hier einige Anzeichen dafür, dass jemand depressiv sein könnte:

* niedergeschlagene Stimmung den größten Teil des Tages über, fast jeden Tag
* an nichts Interesse haben
* Veränderungen bei Gewicht und/oder Appetit
* langsameres Denken und langsamere Bewegungen
* weniger Energie
* ständige Müdigkeit
* das Gefühl, nichts wert zu sein
* Konzentrationsschwierigkeiten
* Reizbarkeit
* Kontaktabbruch zu anderen
* düstere oder möglicherweise suizidale Gedanken

### Traurige Ereignisse

Bis zum Ende der Grundschule haben die meisten Kinder etwas erlebt, das sie schwer belastet, beispielsweise den Tod eines Angehörigen oder Haustiers oder die Scheidung der Eltern. Es ist normal, wenn man nach solchen Ereignissen traurig ist, und das bedeutet nicht automatisch, dass du Depressionen hast. In diesen Zeiten solltest du besonders gut auf dich achtgeben und falls möglich mit einem Erwachsenen über deine Gefühle reden.

## TIPP

Wenn du über längere Zeit traurig und niedergeschlagen bist, könntest du Folgendes versuchen:

* Sprich mit einem Lehrer oder einer Lehrerin, einer Therapeutin oder einem Therapeuten über deine Gefühle. Sie werden dir ohne Wertung zuhören.
* Werde kreativ, um deine Gefühle zu verarbeiten. Zeichnen, Malen und Tanzen eignen sich hervorragend, um auszudrücken, wie du dich fühlst.
* Akzeptiere, dass es normal ist, traurig zu sein, und dass wir alle ab und zu unglücklich sind.
* Denke daran, dass du früher schon traurig gewesen bist und dass dieses Gefühl wieder verschwunden ist.
* Tu weiterhin das, was dir Spaß macht, und treffe dich mit den Leuten, mit denen du gern Zeit verbringst.
* Nutze Sport als natürliches Antidepressivum: Dabei werden Endorphine produziert, die „Glückshormone" des Gehirns.
* Hinterfrage deine negativen Gedanken kritisch (siehe Seite 26–27).

### Suche Hilfe

Depressionen sind nicht immer auf den ersten Blick zu erkennen. Wenn jemand „gib dir ein bisschen Mühe", „darüber brauchst du dir doch keine Gedanken zu machen" oder „das ist nur der Winterblues" zu dir sagt, ist das keine Hilfe, falls deine Situation ernster ist, als sie von anderen wahrgenommen wird. Wenn du deprimiert bist und jemand zu dir sagt, du sollst dich zusammenreißen, könntest du antworten, dass es nicht so einfach ist und dass du Hilfe brauchst. Lass nicht zu, dass deine Gefühle einfach ignoriert werden, und vergiss nicht: Du brauchst nicht still vor dich hin zu leiden.

# ADHS

**ADHS (Aufmerksamkeitsdefizit- und Hyperaktivitätsstörung) ist eine psychische Erkrankung, die dazu führt, dass jemand eine Menge Energie hat. Menschen mit ADHS haben oft Mühe, sich zu konzentrieren, und viele von ihnen können nur schwer steuern, was sie sagen und tun.**

## WIE ÄUßERT SICH ADHS?

Jemand mit **ADHS** ist möglicherweise:

* **unaufmerksam** – kann sich nicht lange konzentrieren oder hat Probleme damit, eine Aufgabe zu beenden
* **unorganisiert** – verliert oder vergisst häufig etwas
* leicht **abzulenken und vergesslich** – kann bei Gesprächen nicht zuhören
* **hyperaktiv** – ist zappelig, unruhig und kann nicht still sitzen
* **laut** – redet ständig und kann „ruhige" Aktivitäten nur schwer ausführen
* **impulsiv** – redet, ohne über die Folgen nachzudenken, unterbricht andere, kann nicht warten oder sich mit anderen abwechseln

Wenn du eines oder mehrere dieser Symptome bei dir feststellst, bedeutet das nicht gleich, dass du ADHS hast. Aber wenn solche Symptome deinen Alltag erschweren und du Schwierigkeiten hast, dich im Unterricht zu konzentrieren, solltest du deine Hausärztin oder deinen Hausarzt um Hilfe bitten.

**WENN DU ADHS HAST, MACHT DAS KEINEN SCHLECHTEN MENSCHEN AUS DIR! ES BEDEUTET EINFACH, DASS DU UND DEINE LEHRER*INNEN EINEN WEG FINDEN MÜSSEN, DAMIT DU DICH IM UNTERRICHT KONZENTRIEREN KANNST.**

# INNEHALTEN & NACHDENKEN

**Was hilft dir dabei, dich zu konzentrieren? Was macht es schwieriger? Stelle eine Liste mit allem zusammen, was bei dir funktioniert und was nicht. Dann solltest du eine Lehrerin oder einen Lehrer oder jemanden aus deiner Familie bitten, zusammen mit dir zu überlegen, was du anders machen könntest, damit es besser wird.**

## Konzentration

Wir können vieles tun, um unsere Konzentrationsfähigkeit zu verbessern und zu verhindern, dass sich unsere Gedanken auf Wanderschaft begeben. Hier sind ein paar Tipps für den Unterricht.

Das kannst du tun:

* Erstelle Aufgabenlisten und hake die einzelnen Punkte ab, wenn du fertig bist.
* Setze dir realistische Ziele – mache sie nicht zu schwer und sei nicht zu ehrgeizig!
* Teile umfangreiche Aufgaben in kleinere Einheiten auf.
* Habe alles bereit, was du brauchst, bevor du mit einer Aufgabe beginnst.
* Benutze eine Uhr. Das hilft dir, dich zu konzentrieren und dranzubleiben.
* Bitte deine Lehrerin oder deinen Lehrer um Pausen – bewege dich und atme tief durch, dann kannst du dich wieder besser auf deine Aufgabe konzentrieren.
* Nutze Achtsamkeitsübungen, um abzuschalten, wenn du eine Aufgabe erledigt hast.

Das können deine Lehrer*innen tun:

* Dir möglichst deutliche Anweisungen geben.
* Lärm und Ablenkungsmöglichkeiten um dich herum reduzieren.
* Dir einen ruhigen Sitzplatz suchen.
* Regelmäßig bei dir nachfragen.
* Dir kleine Belohnungen geben, um deine Motivation zu erhöhen.
* eine feste Partnerin oder einen festen Partner für dich finden, die oder der dir hilft.

# PERFEKTIONISMUS

**Ein Perfektionist ist jemand, der nach Fehlerlosigkeit strebt und Perfektion in allen Bereichen verlangt. Etwas ordentlich machen zu wollen, kann eine positive Motivation sein, aber wenn der Drang nach Perfektion bei dir zum Zwang wird, kann dich das bremsen und einen negativen Einfluss auf dein Leben haben.**

## WIE ÄUẞERT SICH PERFEKTIONISMUS?

Einige der häufigsten Anzeichen:

* Du weigerst dich, Neues auszuprobieren, weil du keine Fehler machen willst.
* Du brauchst sehr lange, um eine Aufgabe zu beenden, weil du ständig nach Fehlern suchst und von vorn anfängst, wenn du einen findest.
* Du legst einen viel zu hohen Leistungsstandard für dich fest.
* Du bist dir gegenüber viel zu kritisch.
* Du schiebst Aufgaben hinaus, die du für zu schwierig hältst.
* Du gibst auf und regst dich fürchterlich auf, wenn dir etwas nicht gelingt.
* Du bittest andere um Hilfe, bevor du selbst etwas versuchst.
* Du denkst, dass deine Leistung nie gut genug ist.

## IST PERFEKTIONISMUS ETWAS SCHLECHTES?

Es ist nie falsch, sich hohe Ziele zu setzen, aber ständiger Perfektionismus kann mit der Zeit ganz schön anstrengend werden und zu Angststörungen und geringem Selbstwertgefühl führen. Er kann auch der Grund dafür sein, dass du dich körperlich nicht wohlfühlst, Kopfschmerzen hast und angespannt bist. Wenn du versuchst, andauernd perfekt zu sein, macht dich das vielleicht sogar unglücklich und bereitet dir Schwierigkeiten in der Schule und in Freundschaften. Versuche, offen und ehrlich zu sein, wenn du das Gefühl hast, dass Perfektionismus zum Problem für dich geworden ist, und rede mit einem Erwachsenen. Wir können unser Verhalten ändern – den Mut aufzubringen, um es zu versuchen, ist oft das Schwerste daran!

### TIPP

Wenn du die ganze Zeit perfekt sein willst und Angst hast, Fehler zu machen, kannst du Folgendes tun.

* Versuche nicht immer recht haben zu wollen und herausragend zu sein.
* Sieh Scheitern und Misserfolg als Chance an, etwas zu lernen – jeder kann aus Fehlern lernen.
* Anstatt aufzugeben, solltest du dir sagen: „Das ist okay! **JETZT** kann ich es noch nicht!“
* Rede mit einem Erwachsenen, einer Freundin oder einem Freund über deine Ängste.
* Mach dir keine Selbstvorwürfe und vermeide Formulierungen wie „Das ist alles meine Schuld“ oder „Ich bin zu nichts zu gebrauchen.“
* Sei nett zu dir. Sage dir: „Ich habe einen Fehler gemacht. Das ist okay. Nächstes Mal werde ich es schaffen.“
* Nutze Achtsamkeitsübungen, entspanne dich und habe auch mal Spaß!
* Erstelle eine Liste mit den Vor- und Nachteilen von Perfektionismus.

# ZWANGSSTÖRUNG

**Eine Zwangsstörung ist eine Angststörung, die dazu führt, dass jemand den Drang hat, ständig an bestimmte Dinge zu denken, die manchmal auch negativ sein können. Menschen, die an einer Zwangsstörung leiden, versuchen häufig, diese Gedankenprozesse zu kontrollieren, indem sie eine bestimmte Handlung zwanghaft und immer wieder durchführen.**

## Beispiele für negative Gedanken:

Du bist der festen Überzeugung, dass etwas Schreckliches geschehen wird.

Du glaubst, dass du schmutzig bist oder schlecht riechst oder dass du krank werden wirst.

Du gehst davon aus, dass du anderen Schaden zufügen wirst.

Du redest dir ein, dass geliebten Menschen etwas Schlimmes zustoßen wird.

Du hast Angst davor, die Kontrolle zu verlieren.

## WIE ÄUẞERT SICH EINE ZWANGSSTÖRUNG?

Einige der häufigsten Anzeichen und Zwangshandlungen:

* Ständiges Überprüfen von Dingen, manchmal so oft, bis eine bestimmte „magische Zahl" erreicht ist.
* Umräumen von Dingen, bis sie sich „richtig" anfühlen.
* Übertriebenes Reinigen des eigenen Körpers oder der Umgebung.
* Wiederholen bestimmter gedanklicher Rituale, um einen schlechten Gedanken loszuwerden.
* Vermeiden von Situationen, in denen man die Kontrolle über sich verlieren, schmutzig werden oder sich mit etwas anstecken könnte.
* Ständig Hilfe von anderen suchen (durch Fragen wie „Habe ich etwas falsch gemacht?" oder „Bist du sicher?").

## WANN DU HILFE SUCHEN SOLLTEST

Wenn du das Gefühl hast, dass du bestimmte Handlungen immer wieder durchführst, um mit etwas zurechtzukommen, solltest du mit einem Erwachsenen reden.

Zu deiner Hausärztin oder deinem Hausarzt solltest du gehen, wenn deine Zwangshandlungen:

* sehr **VIEL** Zeit in Anspruch nehmen – mindestens eine Stunde am Tag
* dein Leben, deine Freundschaften und den Schulbesuch beeinträchtigen
* Angststörungen, Stress und Unruhe bei dir auslösen

### TIPP

1. Verdränge bedrohliche Gedanken nicht, da sie immer wieder zurückkommen und noch schlimmer werden.
2. Denke daran, dass bedrohliche Gedanken nicht gefährlich sind – es sind einfach nur Gedanken.
3. Stelle dir deine Zwangshandlung als Monster vor – deine Angst ist sein Futter. Füttere es nicht.

# FREUNDLICHKEIT

**WENN WIR GUTES TUN, GEHT ES UNS GUT!**

**Freundlichkeit hat eine große Wirkung – wenn wir anderen etwas Gutes tun, freuen sie sich darüber. Aber hast du gewusst, dass eine gute Tat auch uns selbst glücklich machen kann? Freundlichkeit wirkt sich bei jedem Menschen positiv auf die psychische Gesundheit aus – sie spielt eine große Rolle!**

Es gibt so viele Möglichkeiten, nett zu sein und an andere zu denken. Wir können ehrenamtlich arbeiten, Nachhilfe geben oder anderen in schweren Zeiten beistehen. Aber es geht nicht nur um große Gesten – freundlich sein fängt schon im Kleinen an, wenn wir jemanden anlächeln, ihm oder ihr die Tür aufhalten oder ein Kompliment machen.

## Positive Psychologie

Die wissenschaftliche Untersuchung dessen, was uns Menschen stark und glücklich macht und unser „bestes Selbst" zum Vorschein bringt.
Mit positiver Psychologie können wir unsere psychische Gesundheit stärken. Studien in diesem Bereich haben gezeigt, dass Freundlichkeit und Dankbarkeit uns dabei helfen können, glücklich zu sein.

## TIPP

Versuche, jeden Tag drei gute Taten zu vollbringen. Kleine Gesten machen wirklich etwas aus – jemandem eine nette Nachricht schicken, irgendwo aushelfen oder ein kleines Geschenk sind hervorragende Möglichkeiten, um andere glücklich zu machen.

# DANKBARKEIT

**Dankbar zu sein, ist viel mehr, als nur Danke zu sagen – es geht darum, etwas nicht für selbstverständlich zu halten und das Leben zu schätzen.**

Dankbar zu sein, heißt nicht, alles Schlechte zu ignorieren – es hilft uns dabei, uns mehr auf das Positive zu konzentrieren, anstatt einfach nur an das Negative zu denken. Deshalb sind Menschen, die dankbar sind, oft glücklicher, gesünder und zufriedener. Dankbar zu sein, kann auch dabei helfen, besser mit Stress zurechtzukommen.

**SELBST AN EINEM SCHLECHTEN TAG GIBT ES EIGENTLICH IMMER ETWAS, ÜBER DAS WIR UNS FREUEN KÖNNEN!**

## AKTION:

**PROBIERE DIESE AKTIVITÄTEN AUS UND FINDE HERAUS, OB SIE DEIN „GLÜCKSNIVEAU“ VERÄNDERN:**

**1. Drei gute Dinge**
Schreibe dir jeden Abend drei gute Dinge auf, die an diesem Tag passiert sind, und den Grund dafür, warum du dankbar bist. Lies dir deine Notizen laut vor, bevor du einschläfst, und dann noch einmal am nächsten Morgen.

**2. Dankschreiben**
Schreibe einen Brief an jemanden, der nett zu dir gewesen ist, oder an jemanden, den du gernhast. Erkläre ihm oder ihr, warum du dankbar bist.

**3. Moment der Wertschätzung**
Stelle eine Liste mit Dingen zusammen, für die du dankbar bist (z. B. deine Kleidung, gutes Essen, tolle Freunde usw.).

# MOBBING

**Von Mobbing spricht man, wenn eine Person oder eine Gruppe absichtlich versucht, jemandem Angst zu machen, oder sie/ihn dazu bringt, traurig zu sein oder sich zu schämen. Durch Mobbing kann eine Person sich isoliert, wertlos und einsam fühlen und mit Angst, Wut oder Unsicherheit reagieren. Es kann auch die Ursache schwerer psychischer Störungen wie Depressionen und Angstzustände sein.**

## WARUM WIRD GEMOBBT?

Es gibt im Wesentlichen vier Arten von Mobbing: physisches, verbales, psychologisches und Cyber-(Internet-) Mobbing. Mangelndes Selbstwertgefühl, Wut, Probleme in der Familie, Stress und belastende Erlebnisse sind einige der Gründe, warum jemand andere mobbt. Andere zu verletzen ist für diese Menschen häufig der einzige Weg, um sich selbst besser zu fühlen. Manchmal mobbt jemand auch, weil er selbst gemobbt wird.

**JEDER HAT EIN RECHT DARAUF, FAIR UND MIT RESPEKT BEHANDELT ZU WERDEN.**

## WAS SOLLTEST DU TUN, WENN DU GEMOBBT WIRST?

* achte darauf, dass du dich im Bus, im Schulflur, in der Pause usw. immer in der Nähe von anderen aufhältst, damit du **NICHT MIT DEM MOBBER ALLEIN** bist.
* **REDE MIT JEMANDEM**, dem du vertraust. Die Person kann dir eventuell gute Ratschläge geben und vielleicht fühlst du dich dann nicht mehr so allein.
* **UNTERDRÜCKE DIE WUT.** Es ist normal, wenn du dich über den Mobber ärgerst, aber genau das will die Person – dadurch kommt sie sich stärker vor. Anstatt verärgert zu reagieren, solltest du tief durchatmen, bis zehn oder weiter zählen und deine wütenden Worte aufschreiben, anstatt sie zu sagen.
* **SEI MUTIG UND IGNORIERE DEN MOBBER.** Sage dem Mobber klar und deutlich, dass er oder sie damit aufhören soll, und gehe dann einfach weg. Übe, die verletzenden Bemerkungen zu ignorieren und unbeeindruckt zu wirken.
* **MELDE INTERNET-MOBBING** wie zum Beispiel beleidigende Posts in den sozialen Medien.
* **ERZÄHL EINEM ERWACHSENEN DAVON** – Eltern und Lehrer*innen können dafür sorgen, dass das Mobbing aufhört.

# DISKRIMINIERUNG

**Diskriminierung bedeutet, dass eine Person aufgrund dessen, wer sie ist, ungerecht behandelt wird. Häufig werden Menschen aus folgenden Gründen diskriminiert: ETHNISCHE HERKUNFT, GESCHLECHT, SOZIALE SCHICHT, SEXUALITÄT, NATIONALITÄT, VERHALTEN, AUSSEHEN, ALTER, KULTUR, QUALIFIKATION oder IDENTITÄT. Diskriminierung kann die psychische Gesundheit stark beeinflussen.**

Diskriminierung kann viele Formen annehmen, häufig kommt es zu Ereignissen wie diesen: Jemand wird von etwas ausgeschlossen, durch verletzende Bemerkungen gekränkt oder anders behandelt, weil die Leute glauben, sie oder er wäre „anders“. Vergiss nicht, dass du nicht so sein musst wie alle anderen. Du brauchst nicht der Herde zu folgen, nur weil du das Gefühl hast, dass man das von dir erwartet.

**WIR SIND ALLE VERSCHIEDEN UND DAS SOLLTEN WIR FEIERN!**

## SO STÄRKST DU DEIN SELBSTVERTRAUEN

Mobbing und Diskriminierung können dazu führen, dass dein Selbstvertrauen schwindet und du weniger Energie hast. Es ist manchmal nicht leicht, positiv zu bleiben, aber denke daran, dass es nicht deine Schuld ist.

Um wieder mehr Selbstvertrauen zu bekommen, kannst du Folgendes versuchen:

* Verbringe Zeit mit Menschen, die dich gernhaben.
* Sei kreativ.
* Bleibe aktiv.
* Gehe für eine Weile offline und mache eine Pause in den sozialen Medien.
* Erstelle eine Liste mit deinen Stärken.
* Finde an jedem Tag etwas Gutes.
* Bleibe cool.

# DU SEIN

**Es gibt niemanden auf der Welt, der so ist wie du! Es gibt Menschen, die grundverschieden sind, und Menschen, die sich ähnlich sind, aber niemand ist genau wie du, mit den gleichen Gedanken, Vorstellungen, Gefühlen, Verhaltensweisen, Träumen, Wörtern, Hoffnungen und Fantasien.**

## Du bist einmalig!

Es geht nicht darum, so zu tun, als wären wir alle perfekt und hätten alle ein perfektes Leben! Es geht darum, unsere Stärken und einzigartigen Eigenschaften anzuerkennen, damit wir darauf aufbauen können und stärker und widerstandsfähiger werden.

### Selbstwertgefühl

Selbstwertgefühl ist die Meinung, die wir von uns selbst haben. Wenn wir ein gesundes Selbstwertgefühl haben, sehen wir uns selbst und das Leben an sich positiv. Wenn wir ein geringes Selbstwertgefühl haben, sind wir uns selbst gegenüber kritischer und sehen uns in einem negativeren Licht. An einigen Tagen nehmen wir uns so, wie wir sind. An anderen Tagen nicht. Manchmal müssen wir uns etwas mehr Mühe geben, damit wir uns in unserer Haut wohlfühlen, und das ist **NORMAL**.

# SEI EINFACH DU SELBST!

**1.**
Verbringe Zeit mit Menschen, die dich gernhaben.

**2.**
Ignoriere Menschen, die dich demütigen oder schlecht behandeln, und gehe ihnen aus dem Weg.

**3.**
Tu Dinge, die dir Spaß machen.

**4.**
Tu Dinge, bei denen du dich wohlfühlst.

**5.**
Tu Dinge, die du gut kannst.

**6.**
Belohne dich für deine Erfolge.

**7.**
Entwickle deine Talente und Fähigkeiten.

**8.**
Behandle dich selbst gut.

**9.**
Triff deine eigenen Entscheidungen, lass nicht andere für dich entscheiden.

**10.**
Übernimm Verantwortung für dich selbst, deine Entscheidungen und dein Handeln.

**11.**
Tu immer das, was du für richtig hältst.

**12.**
Bleibe dir und deinen Werten treu.

**13.**
Respektiere andere und behandle sie gut.

**14.**
Setze dir Ziele und versuche, sie zu erreichen.

**15.**
Mach dir keine Vorwürfe, wenn etwas schiefgeht.

## INNEHALTEN & NACHDENKEN

**Wie geht es dir gerade? Es könnte hilfreich sein, mit einem Erwachsenen, einer Freundin oder einem Freund über deine Gedanken und die oben genannten Ideen zu reden. Gibt es noch etwas, das du tun kannst, um deine persönliche Positivität zu steigern?**

# NETZWERKE ZUR UNTERSTÜTZUNG

**Wir brauchen alle Unterstützung, um psychisch gesund zu bleiben und mit den Höhen und Tiefen in unserem Leben zurechtzukommen. Wenn jemand dabei Hilfe sucht, ist das keine Schwäche – ganz im Gegenteil. Unterstützung von Menschen anzunehmen, die uns gernhaben, ist eine Stärke. Wir können von ihnen lernen und fühlen uns sicher, wenn sie sich um uns kümmern. Habe keine Angst, um Hilfe zu bitten.**

## DEINE ENERGIELIEFERANTEN

Es ist wichtig, dass du weißt, wer deine Energielieferanten sind. Das sind die Menschen, in deren Nähe du am glücklichsten bist. Wenn du dich nach einem Besuch von ihnen verabschiedest, fühlst du dich voller Energie. Es geht dir gut durch die Dinge, die sie sagen oder tun. Wer sind deine Energielieferanten? Wenn es dir einmal schlecht geht, hilft es dir vielleicht, mit ihnen zu reden und dich an einige der positiven Dinge zu erinnern, die sie gesagt und getan haben.

## UNTERSTÜTZERKREIS

Außer an deine Energielieferanten solltest du an **ALLE** Menschen denken, die dich unterstützen können. Diese Personen bilden deinen Unterstützerkreis – dein Team. Alle zusammen sind ein Netzwerk aus Menschen, auf die du dich verlassen kannst.

## AKTION: UNTERSTÜTZERKREIS

**ZEICHNE DEINEN UNTERSTÜTZERKREIS, DAMIT DU IHN SEHEN, FÜHLEN UND BENUTZEN KANNST, WENN DU EINE ERINNERUNG AN DIE MENSCHEN BRAUCHST, DIE IMMER FÜR DICH DA SIND.**

1. Zeichne einen großen Kreis auf ein Blatt Papier.
2. Schreibe deinen Namen in die Mitte.
3. Schreibe alle Menschen, die du um Unterstützung bitten könntest, um deinen Namen herum: Familie, Freunde, Ärzte oder Therapeuten.

# DIE KRAFT DER NATUR

**Zeit in der Natur zu verbringen, ist eine großartige Möglichkeit, um deine psychische Gesundheit zu stärken.**

Du hast vielleicht nicht immer Lust, nach draußen zu gehen, vor allem, wenn du niedergeschlagen bist, aber ein Aufenthalt im Freien kann tatsächlich eine beruhigende Wirkung auf dich haben. Schau dich um, lass dich auf deine Umgebung ein und aktiviere deine Sinne. Was siehst du? Was hörst du? Was spürst du? Was riechst du?

Du musst nicht auf dem Land leben, um die Kraft der Natur zu erleben – dein Garten, städtische Parks, selbst ein Spaziergang ein Stück die Straße hinunter können dir Zeit und Raum zum Atmen geben.

## GRÜNES WACHSEN LASSEN

Pflanzen sind großartig, um Natur zu erfahren. Etwas Grünem beim Wachsen zuzusehen, kann dich aufmuntern und deine Stimmung verbessern. Du könntest versuchen, eine Pflanze aus einem Samenkorn zu ziehen. Dazu brauchst du nicht einmal einen Garten. Zimmerpflanzen und Kräuter kannst du auch in Töpfen wachsen lassen – so kommt die Natur zu dir.

# ANDEREN HELFEN

**Ein psychisch gesunder Mensch kann positive Beziehungen zu anderen aufbauen und führen, indem er sie unterstützt und sich um sie kümmert, wenn sie Probleme haben, und mit ihnen feiert, wenn ihnen etwas gelingt. Es geht darum, sowohl gute als auch schlechte Zeiten miteinander zu teilen.**

## EMPATHIE STÄRKEN

Empathie ist die Fähigkeit, die Gefühle anderer zu verstehen und nachzuempfinden. Manchmal ist es nicht einfach, sich in eine andere Person hineinzuversetzen, vor allem, wenn Emotionen mit im Spiel sind. Das liegt daran, dass unsere Gefühle schneller arbeiten als unsere Gedanken und Fähigkeiten zur Interpretation. Empathie erfordert die Fähigkeit, die Gefühle anderer zu erkennen und entsprechend darauf zu reagieren.

## GEDANKENLESEN

Manchmal kann es schwer sein, herauszufinden, was jemand fühlt. Wir können keine Gedanken lesen, aber es gibt einige Signale und Zeichen, auf die wir achten können.

Stelle dir folgende Fragen:

* Wie sieht die Person aus?
* Worauf lässt ihr Gesichtsausdruck schließen?
* Was für eine Sprache verwendet sie?
* Was für einen Tonfall hat ihre Stimme?
* Wie bewegt sich die Person?

Vergleiche das Verhalten der Person damit, wie sie sich normalerweise verhält oder früher verhalten hat. Fallen dir Unterschiede auf? Diese Veränderungen könnten ein Hinweis darauf sein, wie sich die Person gerade fühlt.

## Anderen helfen, die Trost brauchen

Wenn du weißt, dass eine Freundin oder ein Freund traurig oder gestresst ist, gibt es einiges, was du tun kannst, um ihr oder ihm zu helfen.

Einige Tipps, wie du dabei am besten vorgehst:

* Nimm dir Zeit und höre der Person einfach zu. Wähle für euer Gespräch einen ruhigen Ort ohne Ablenkungen.
* Lass die Person so viel erzählen, wie sie will, aber dränge sie nicht dazu. Zum Reden braucht man eine Menge Vertrauen und Mut. Du bist vielleicht der oder die Erste, mit der die Person reden kann.
* Versuche nicht, Experte zu sein. Höre zu und denke nach, bevor du Ratschläge gibst, sonst könntest du die falschen Schlüsse ziehen.
* Schlage Möglichkeiten zur Bewältigung der Situation vor, zum Beispiel Sport, Entspannungstechniken und kritisches Hinterfragen negativer Gedanken.
* Höre aufmerksam zu und wiederhole, was du gehört hast, damit du sicher sein kannst, alles richtig verstanden zu haben.
* Biete an, die Person, falls notwendig, zu einem Gespräch mit einem Erwachsenen oder einer Ärztin/einem Arzt zu begleiten.
* Versuche nicht, die Person ganz allein zu retten – kenne deine Grenzen! Wenn du denkst, dass die Person in Gefahr ist oder sich vielleicht etwas antun will, musst du alles tun, um das zu verhindern. Das könnte bedeuten, bei einer Hotline (siehe Seite 63) anzurufen oder mit einem Erwachsenen darüber zu sprechen.

# GESUND SEIN UND GESUND BLEIBEN

**Manchmal ist es leichter, Dinge zu verändern und unsere psychische Gesundheit zu stärken, wenn wir einen „Wohlfühlplan" erstellen und uns Ziele für die Zukunft setzen.**

## Dein Wohlfühl-Werkzeugkasten

In diesem Buch findest du viele verschiedene Werkzeuge und Strategien, um deine psychische Gesundheit zu schützen. Du wirst feststellen, dass manche besser funktionieren als andere. Womöglich hast du auch schon eigene. Das ist in Ordnung. Du musst deinen eigenen Wohlfühl-Werkzeugkasten entwickeln, mit den Werkzeugen und Strategien, die bei DIR funktionieren. Denke auch darüber nach, wie du diese weiterentwickeln oder ändern kannst, wenn es notwendig sein sollte. Suche dir deine Lieblingswerkzeuge und -strategien aus und lass sie dir dabei helfen, ein glückliches und gesundes Leben zu führen.

## SCHLÜSSEL ZUR PSYCHISCHEN GESUNDHEIT

Wenn du Pläne und Ziele für dich festlegst, solltest du auf folgende Schlüsselaspekte der psychischen Gesundheit achten:

**Sei gesellig**
Gehe auf andere zu und suche dir Freunde.

**Sei aktiv**
Sport verbessert deine physische und deine psychische Gesundheit.

**Lerne**
Was weißt du heute, was du gestern nicht gewusst hast?

**Gebe**
Sei nett und freundlich und teile mit anderen.

**Sei achtsam**
Konzentriere dich auf den Moment, genieße das Hier und Jetzt.

## PSYCHISCHE GESUNDHEIT PLANEN

Fange an, indem du über die **SCHLÜSSEL ZUR PSYCHISCHEN GESUNDHEIT** nachdenkst. Schreibe dir auf, was für Aktionen und Aktivitäten du unternehmen könntest, um die verschiedenen Schlüssel in dein Leben zu integrieren. Setze dir als Ziel, für jeden Schlüssel eine Aktion durchzuführen, und das jeden Tag. Plane deine Aktionen auf einem Whiteboard oder notiere sie in einem „Wohlfühlplaner". Aber vergiss nicht, dass es nur ein Plan ist – mach dir keine Vorwürfe, wenn du nicht alle Punkte auf deiner Liste umsetzen kannst!

## ZIELE FÜR PSYCHISCHE GESUNDHEIT

Wenn du dir realistische Ziele setzt, kannst du dadurch deine psychische Gesundheit stärken. Du hast dann etwas, worauf du dich konzentrieren kannst und das dich von deinen Problemen ablenkt. Wenn du ein Ziel erreichst, kann dich das positiv stimmen und stolz machen. Setze dir für jeden der genannten Schlüssel ein Ziel. Deine Ziele sollten:

**Konkret sein:** Ich werde mich jeden Tag bewegen oder Sport machen.
**Messbar sein:** Ich werde jeden Tag 30 Minuten lang im Park joggen.
**Erreichbar sein:** Nach der Schule habe ich Zeit und meine Freundin oder mein Freund will mit mir joggen.
**Realistisch und relevant sein:** Bewegung wird meine physische und psychische Gesundheit verbessern.
**Zeitlich begrenzt sein:** Ich werde das bis zum Beginn der Sommerferien versuchen.

... und schließlich lege ein Datum fest, an dem du mit jemandem, der dir wichtig ist und das Beste für dich will, überprüfst, ob du deine Ziele erreicht hast.

**VIEL GLÜCK!**
**DU SCHAFFST DAS!**

# ZUM SCHLUSS

## WIE GEHT ES DIR JETZT?

Du bist am Ende dieses Buchs angekommen und hast jetzt ein besseres Verständnis für häufig auftretende Erkrankungen der psychischen Gesundheit wie Angststörungen und Depressionen. Wir hoffen, dass du auch einige Tipps, Tricks und Ideen gefunden hast, um deine psychische Gesundheit zu stärken, und verstehst, was du tun musst, um sie nicht zu gefährden.

Vergiss nicht, dass Glücklichsein eine Reise ist! Es geht darum, zu lernen, wie wir mit den Höhen und Tiefen in unserem Leben zurechtkommen. Wir müssen uns alle gegenseitig unterstützen – ganz besonders dann, wenn wir das Leben schwierig und anstrengend finden.

Und wir müssen nett zu uns selbst sein! Pass auf dich auf. **DU BIST GUT, SO WIE DU BIST** und du solltest niemandem glauben, der etwas anderes behauptet. Denke positiv, erkenne und entwickle deine Stärken und hinterfrage negative Gedanken. Versuche, jeden Tag so zu leben, dass es dir gut geht, und gib nicht auf.

# ANMERKUNG DER AUTORIN

Als Positive Psychologin bin ich entschieden der Meinung, dass wir **ALLE** mehr für unsere psychische Gesundheit tun können und dass wir es **ALLE** schaffen können, mit jedem Tag glücklicher zu werden. In den über dreißig Jahren meines Berufslebens habe ich mit vielen Kindern und Jugendlichen gearbeitet. Bei meiner therapeutischen und wissenschaftlichen Arbeit stehen Stärken im Mittelpunkt – was diese Stärken in uns entwickelt, was uns glücklicher macht und was uns dabei hilft, ein sinnvolles Leben zu führen.

Ich hoffe, dass dir dieses Buch eine Hilfe ist und dass es dir Freude gemacht hat, es durchzuarbeiten. Ich habe darin viele Ideen und Strategien beschrieben, die Erfolg hatten – bei vielen Kindern und Jugendlichen, aber auch bei mir selbst! Ich bin der festen Überzeugung, dass wir unsere psychische Gesundheit pflegen müssen und dass es eine der Herausforderungen des Lebens ist, die Fähigkeiten dafür zu entwickeln – und das geht man am besten nicht allein an.

**Dr. Tina Rae**
**Autorin und Psychologin**

# HINWEISE FÜR ELTERN,

**Psychische Gesundheit ist für jeden wichtig, ganz besonders aber für Kinder und Jugendliche. Eine gute psychische Gesundheit ermöglicht ihnen, Resilienz zu entwickeln und zu ausgeglichenen, gesunden Persönlichkeiten heranzuwachsen.**

Hier sind einige Möglichkeiten, wie wir Kindern dabei helfen können, mit Stress und Ängsten fertigzuwerden, sowie einige etwas allgemeinere Tipps zur Unterstützung der psychischen Gesundheit:

* **Hören Sie zu und beobachten Sie.** Wenn Sie wissen, wie ein Kind sich verhält, denkt und fühlt, können Sie ein Stimmungstief sowie frühe Anzeichen für ernstere Erkrankungen der psychischen Gesundheit, z. B. Depressionen, besser erkennen. Ändert sich das Verhalten, sollten Sie besonders aufmerksam sein.

* **Ermutigen Sie Kinder, über ihre Gefühle zu reden**, und ermöglichen Sie es ihnen, ihre Sorgen mitzuteilen. Stellen Sie offene Fragen wie „Kannst du mir erklären, wie du dich fühlst?", anstatt „Ich sehe doch, dass du gestresst bist." zu sagen.

* **Reden Sie offen über psychische Gesundheit.** Fördern Sie den Dialog darüber, entkräften Sie Vorurteile und helfen Sie mit, ein besseres Verständnis dafür zu entwickeln.

* **Sagen Sie einem Kind besser nicht, dass es sich „zusammenreißen soll" oder dass „kein Grund zur Sorge" besteht.** Unglücklichsein ist manchmal ernster, als man denkt.

* **Gehen Sie mit gutem Beispiel voran** – treiben Sie Sport, essen Sie gesund, starren Sie nicht ständig auf ein Display, praktizieren Sie Achtsamkeit, pflegen Sie eine positive Einstellung, nutzen Sie Entspannungstechniken und zeigen Sie, dass Selbstfürsorge nicht egoistisch ist.

* **Helfen Sie Kindern dabei, sich mit Dingen oder Situationen auseinanderzusetzen, vor denen sie sich fürchten.** Lernen, wie man sich seinen Ängsten stellt, gehört zu den schwierigsten Phasen der Angst- und Stressbewältigung. Es funktioniert meist am besten, wenn man es langsam angeht, einen Schritt nach dem anderen.

* **Fördern Sie Bewegung.** Falls Ihr Kind nicht so gern Sport treibt, sollten Sie es mit etwas versuchen, das Sie zusammen ausüben können, zum Beispiel Yoga, eine Radtour oder ein Spaziergang im Park.

* **Nehmen Sie Mobbing und Diskriminierung ernst.** Reden Sie mit Ihrem Kind und bieten Sie Unterstützung an. Erwägen Sie ein Gespräch mit der Schule Ihres Kindes, falls ein Problem eskaliert.

* **Planen Sie gemeinsame soziale Aktivitäten.** Backen Sie Kuchen für Nachbarn, spenden Sie Kleidung oder helfen Sie bei einem Fest mit, damit Ihr Kind erlebt, dass dies einen positiven Einfluss haben kann.

* **Achten Sie auf Sicherheit im Internet.** Installieren Sie Kinderschutz-Software oder aktivieren Sie entsprechende Funktionen von Programmen.

# BETREUER*INNEN UND LEHRER*INNEN

* **Versuchen Sie, Ihre eigenen Ängste zu bewältigen**, machen Sie deutlich, dass es zu schaffen ist. Teilen Sie Ihre Strategien, damit Kinder sie ebenfalls anwenden können.

* **Arbeiten Sie mit einer Mischung aus Beruhigung und neuen Ideen.** Wenn ein Kind mit seinen Sorgen zu Ihnen kommt, hören Sie zu und versuchen Sie zu verstehen, was los ist. Beruhigen Sie das Kind und finden Sie mit ihm zusammen heraus, was es tun könnte, um seine Ängste zu überwinden. Begleiten Sie den Prozess –, was funktioniert und was nicht? Schlagen Sie bei Bedarf Alternativen vor.

* **Unterstützen Sie Kinder dabei, negative oder irrationale Vorstellungen und Gedanken kritisch zu hinterfragen.** Bieten Sie effektive Möglichkeiten an, um Angst auslösende Dinge kritisch zu hinterfragen.

* **Bleiben Sie ruhig und geduldig.** Das Verhalten ängstlicher Kinder wirkt manchmal unverhältnismäßig. Machen Sie sich klar, dass eine ängstliche junge Person, die weint oder bestimmte Situationen vermeidet, nichts anderes tut, als instinktiv auf eine wahrgenommene Bedrohung zu reagieren.

* **Unterstützen Sie Kinder darin, mit Ungewissheit und Veränderungen klarzukommen.** Reden Sie über die Folgen und helfen Sie Kindern dabei, mit positiven und negativen Veränderungen fertigzuwerden.

* **Kinder müssen wissen, dass sie Hilfe und Unterstützung von Ihnen bekommen.** Weisen Sie sie darauf hin, dass es Menschen gibt, die gezielter Hilfe leisten können, falls ein ernsteres Problem vorliegt. Wenn Kinder wissen, dass sie sich auf die Unterstützung anderer verlassen können, kann das ihre Ängste reduzieren.

* **Seien Sie (bis zu einem gewissen Punkt!) ehrlich zu Kindern, wenn es um Ihre eigenen Gefühle geht.** Handeln Sie nach eigenem Ermessen, aber darüber zu sprechen, wie es Ihnen geht, kann Kinder dazu ermutigen, das Gleiche zu tun. Kommunikation kann helfen, Missverständnisse zu vermeiden, und verhindern, dass Gedanken und Gefühle in sich „hineingefressen" werden.

* **Vermitteln Sie den Kindern, wie wichtig ein optimaler Schlafrhythmus ist.** Eine feste Schlafenszeit hilft Kindern, fit und gesund zu bleiben.

* **Denken Sie immer daran: Niemand ist perfekt** und irgendwann macht jeder einmal einen Fehler. Sogar Sie!

# WEBSITES UND HOTLINES

**ADHS Deutschland e. V.**
*www.adhs-deutschland.de*

Selbsthilfegruppen, telefonische und E-Mai-Beratung für Betroffene von ADHS und ihre Angehörigen. Für Jugendliche gibt es ein Beraterteam von Jugendlichen zwischen 15 und 22 Jahren.

**ANAD (Anorexia Nervosa and Associated Disorders)**
*www.anad.de*
089/219973-99

Mo: 09.30–10.30 Uhr
Di: 10.30–12.30 Uhr
Mi: 09.00–11.00 Uhr
Do: 15.00–16.00 Uhr

*Der Anruf ist kostenfrei.*
Telefonische, persönliche oder Online-Beratung für Betroffene von Essstörungen, aber auch für ihre Angehörigen.

**Hilfetelefon Gewalt gegen Frauen**
*www.hilfetelefon.de*
08000/116 016

*Rund um die Uhr und kostenfrei.*
Frauen, die von Gewalt betroffen sind, werden anonym beraten.
Die Beratung ist telefonisch und online in 17 verschiedenen Sprachen möglich.

**Hilfetelefon Sexueller Missbrauch**
*www.nina-info.de*
0800/22 55 530

Mo, Mi, Fr: 09.00–14.00 Uhr
Di, Do: 15.00–20.00 Uhr

*Der Anruf ist kostenfrei.*
Betroffene von sexuellem Missbrauch und ihre Angehörigen werden von psychologisch und pädagogisch ausgebildeten Fachkräften beraten.

**Kenn dein Limit**
*www.kenn-dein-limit.de*
0221/89 20 31

Mo-Do: 10.00–22.00 Uhr
Fr-So: 10.00–18.00 Uhr

Beratung und Aufklärung über Alkoholkonsum.

**Nummer gegen Kummer**
*www.nummergegenkummer.de*

Kinder- und Jugendtelefon: 116111
Mo-Sa: 14.00–20.00 Uhr

Elterntelefon: 0800/111 0 550
Mo-Fr: 09.00–17.00 Uhr
Di und Do: zusätzlich 17.00–19.00 Uhr

*Der Anruf ist kostenfrei.*
Ehrenamtlich tätige Berater*innen unterstützen Kinder, Jugendliche und Eltern bei kleinen und großen Sorgen, Problemen und Ängsten und vermitteln bei Bedarf auch weitere Hilfe.

**Stiftung Deutsche Depressionshilfe**
*www.deutsche-depressionshilfe.de*
0800/33 44 533

Mo, Di, Do: 13.00–17.00 Uhr
Mi, Fr: 08.30–12.30 Uhr

*Der Anruf ist kostenfrei.*
Das Info-Telefon Depression unterstützt Betroffene von Depressionen und ihre Angehörigen dabei, den Weg zu Anlaufstellen im Versorgungssystem zu finden.

**TelefonSeelsorge**
*www.telefonseelsorge.de*
0800/111 0 111
0800/111 0 222
116 123

*Rund um die Uhr und kostenfrei.*
Die TelefonSeelsorge unterstützt Menschen, egal ob jung oder alt, in Krisensituationen. Sie ist telefonisch oder per Chat erreichbar.

**U25 Deutschland**
*www.u25-deutschland.de*

Kostenlos und anonym können sich suizidgefährdete Jugendliche hier von speziell ausgebildeten ehrenamtlichen Gleichaltrigen beraten lassen. Die Beratung erfolgt online. Wichtig: Die Beratung bei U25 ersetzt keine professionelle Behandlung bzw. Therapie.

# INDEX